Inhalt

Griechenland, Irland, jetzt auch noch Portugal - wie sich Staatspleiten durch Controlling-Instrumente überwinden lassen

Kernthesen

Beitrag

Fallbeispiele

Weiterführende Literatur

Impressum

Griechenland, Irland, jetzt auch noch Portugal - wie sich Staatspleiten durch Controlling-Instrumente überwinden lassen

Robert Reuter

Kernthesen

- Die europäischen Pleitestaaten tun sich trotz kräftiger Geldspritzen schwer damit, wieder auf die Beine zu kommen.
- Die verheerende Situation der jeweiligen Staatsfinanzen wirft die Frage auf, ob die Einführung eines Controllings auf

Regierungsebene sinnvoll sein könnte.
- Während man in Griechenland einen Compliance-Officer bräuchte, könnte für Irland die Balanced Scorecard den Weg aus der Misere weisen.

Beitrag

Controlling für Staaten

Kein Unternehmen könnte es sich leisten, so zu wirtschaften wie ein Großteil der europäischen Staaten. Griechenland, Irland und Portugal sind pleite, und die nächsten Kandidaten stehen nur wenige Schritte vor dem Abgrund. Da es ein staatliches Insolvenzrecht noch nicht gibt - und man sich an diesen Gedanken auch noch nicht gewöhnen will - dürfen Europas Pleitiers mit dem Geld der anderen weiterwurschteln. Der Ausgang bleibt ungewiss.

Der Hauptgrund für die Pleitewelle scheint die Europäische Union selbst zu sein. Schon vor den großen Rettungsaktionen hingen die Pleitestaaten als Nehmerländer am europäischen Tropf. Dieses Gefühl des Aufgehobenseins ist wohl mit ein Grund dafür, dass es diese Länder weder mit der

Haushaltsdisziplin noch mit der Durchsetzung von Reformen besonders ernst gemeint haben. Griechenland muss sich darüber hinaus den Vorwurf machen lassen, die Europäische Union mit kreativer Buchführung jahrelang getäuscht zu haben.

Gegen kriminelle Energie und psychologisch begründete Desorientierung wäre nur etwas auszurichten, wenn die Europäische Union vom Gabenspender zum Chefkontrolleur mutieren würde. Erste Ansätze hierfür gibt es bereits, denn Griechenland steht praktisch unter EU-Kuratel. Besser wäre es freilich, wenn sich die Haushalts- und Finanzpolitiker von Europas Pleitestaaten solcher Controlling-Instrumente bedienten, wie sie in der Wirtschaft schon seit Jahren gang und gäbe sind.

Griechenland: Korruption und Ineffizienz

In der Wiege der Demokratie sind Korruption, Ineffizienz und Klientelismus weit verbreitet. Auch die Bürgermeisterin Athens meint, dass in diesen Missständen die Ursachen für die Haushaltsprobleme des Landes begründet liegen. Die Analyse ist darum nicht schwierig: Die Hellenen brauchen an ihrer Staatsspitze einen Compliance-Officer. (1)

Ausweg: Einführung von Compliance

Die Bekämpfung von Korruption und Bestechung ist in vielen Unternehmen dem Controlling zugeordnet. Das Zauberwort heißt dabei "Compliance", das so viel bedeutet wie "Regelbefolgung". Von Wirtschaftsunternehmen wird Compliance allerdings nicht nur in rechtlicher, sondern auch in kultureller und ethischer Hinsicht gefordert. Dieser Aspekt kann beim Versuch, eine Compliance-Strategie für Staaten zu entwerfen, freilich ausgelassen werden.

Griechenland hat mit der Befolgung von Rechtsnormen ein generelles Problem, wie die Tricksereien der Staatsführung zeigen. Die Bevölkerung steht dem kaum nach und weigert sich bis heute erfolgreich, Steuern zu zahlen. Die großflächige Einführung von Compliance-Maßnahmen könnte Abhilfe schaffen. Da sich die Befolgung von Regeln jedoch nicht verordnen lässt, müssten die Griechen als erstes eine Soll-/Ist-Analyse vornehmen. Sowohl den Verantwortlichen als auch der Bevölkerung sollte hierdurch klar werden, dass Bestechung einen Straftatsbestand und nicht, wie möglicherweise bisher geglaubt, ein unumgängliches Kavaliersdelikt darstellt. Anders als im Wirtschaftsunternehmen müssten jedoch sowohl die Polizei als auch die Judikative in diesen Prozess miteingebunden werden. Als oberster Compliance-Officer könnte der Staatspräsident selbst fungieren - allerdings nur, wenn er die neue Kultur vorlebt. Gefälschte Staatsbilanzen sollten darum der Vergangenheit angehören. (2)

Irland: unterlassene Konjunkturpolitik

Irlands Probleme sind ganz andere gelagert als die Griechenlands. Während Hellas unter maroden Staatsfinanzen und einer unseriösen Ausgabenpolitik in die Knie gegangen ist, leidet Irland unter einer überdimensionierten Bankenkrise. Diese ist die Folge eines halsbrecherischen Immobilienbooms, der nicht zuletzt die Folge der Euro-Einführung war. Der niedrige Nominalzins und die hohe Inflation in Irland führten zu einem extrem niedrigen Realzins, so dass jahrelang viel zu viel billiges Geld in Umlauf war. Die irischen Banken wurden in dieser Zeit nur halbherzig kontrolliert und nutzten den Boom für immer waghalsigere Geschäfte. Sie dehnten die Volumen ihrer Hypotheken-Deals immer mehr aus und verbuchten satte Gewinne. Zwischen 1996 und 2006 vervierfachten sich die irischen Immobilienpreise.

Experten halten der Regierung vor, der hieraus resultierenden Überhitzung nicht entgegengewirkt, sondern sie durch Steuererleichterungen immer weiter angefacht zu haben. Das Hilfspaket aus Brüssel wandert daher in die Taschen der irischen Kreditinstitute, die jetzt vor dem Kollaps bewahrt werden müssen. (3)

Exkurs: alles eine Schuld des Marktes?

Da es die irische Regierung unterlassen hat, der überhitzten Konjunktur des Landes durch antizyklische Maßnahmen zu begegnen, ist es eigentlich müßig, über die Unvollkommenheit von Märkten nachzudenken. Da ein weitsichtiges Risikomanagement auch die Schwächen der Märkte berücksichtigen muss, soll dieser Teil der Wahrheit jedoch nicht verschwiegen werden. So ist die frühere Idee des vollkommenen Marktes heute der Erkenntnis gewichen, dass es diesen gar nicht gibt. Stattdessen kennzeichnen Informationsasymmetrien, Informationskosten und die Begrenztheit der Anpassungsgeschwindigkeit von Märkten das Gesamtgeschehen. Auch die frühere Annahme, dass Wirtschaftsakteure immer rational handeln, hat sich angesichts der Verwerfungen seit 2008 in Luft aufgelöst. Auf Irland bezogen, lässt sich festhalten, dass auch hier der Verzicht auf Vernunft und ihre Ersetzung durch Gier Hauptauslöser der Staatskrise war. Der unvollkommene Markt erscheint uns hier in Gestalt von Menschen, die verantwortungslos handeln und von einer passiven Regierung nicht daran gehindert werden. Der Einwurf, dass doch eigentlich die Märkte an der Finanzkrise schuld seien, kann darum so lange nicht gelten, wie sich die Verwerfungen als Folge menschlichen Versagens erklären lassen - was auch für Irland gilt. (4)

Ausweg: die "Balanced Scorecard"

Die Balanced Scorecard ist ein etabliertes Instrument zur Unternehmenssteuerung. Bei ihrem Einsatz durch das Unternehmen, in diesem Falle für die Irland GmbH (die beschränkte Haftbarkeit kommt durch die Inanspruchnahme externer Hilfsleistungen zum Ausdruck), erhalten die Wirtschaftsentscheider eine klare Rückmeldung darüber, ob strategische Ziele erreicht wurden oder nicht. Kritiker mögen nun anführen, dass es der irischen Regierung ja gar nicht an Instrumenten, sondern an den richtigen Zielen gefehlt habe. Doch auch hier kann die Scorecard helfen, da sie die Verwender zwingt, Ziele zu formulieren, die über die reine Gewinnmaximierung hinausgehen. Im Falle Irlands hätte ein mit der Scorecard bewehrter Controller schnell erkennen können, dass turbokapitalistische Tendenzen dem Ziel nachhaltiger Entwicklung diametral entgegenstehen. (5)

Portugal: strukturelle Probleme

Seit kurzem gehört auch Portugal zu den Staaten, die ihre Rechnungen nicht mehr bezahlen können. Schuld an der Misere ist das seit Jahrzehnten schwache Wachstum der portugiesischen Wirtschaft. So steigt die Wirtschaftsleistung jährlich um gerade einmal 0,7 Prozent, obwohl das Land deutlich Luft nach oben hat. Ein Grund für die anhaltende Schwäche ist die veraltete Struktur der portugiesischen Wirtschaft. Die industrielle Basis des Landes gilt als dünn. Großer Hoffnungsträger ist der Dienstleistungssektor, der im Jahr 2009 gut 75 Prozent zum Bruttoinlandsprodukt beisteuerte. Auch der Tourismus spielt eine wichtige Rolle. Anschluss an den Lebensstandard des europäischen Durchschnitts haben die zehn Millionen Portugiesen dennoch nie gefunden. (6)

Ausweg: Benchmarking

Benchmarking ist eine von Controllern gern angewendete Methode, die darüber Aufschluss gibt, wo man hin will. Sowohl in Groß- als auch in mittelständischen Unternehmen orientieren sich

Manager an den Zahlen der Besten und entwerfen Strategien, um aufzuschließen. In Portugal könnte beispielsweise der flexible Arbeitsmarkt der USA als Vorbild dienen, denn genau hier liegt der Hase im Pfeffer. Experten glauben, dass insbesondere die verkrusteten Arbeitsmarktstrukturen Portugal daran hindern, gegenüber erfolgreichen Volkswirtschaften aufzuholen. Eine andere Benchmark könnte der seit 1990 eingeschlagene Modernisierungskurs der neuen Bundesländer in Deutschland liefern. Auch ohne Zynismus muss festgestellt werden, dass es in Portugal in vielen Ecken aussieht wie in der untergegangenen DDR. Dies hat seinen Grund: Ein veraltetes Mietrecht sorgt dafür, dass Mieterhöhungen nur in Höhe der Inflationsrate erlaubt sind. Da die meisten dieser Verträge auf einer sehr niedrigen Mietpreisbasis geschlossen wurden, haben die meisten Mieten heute einen eher symbolischen Wert. Eine Mietrechtnovelle ist nach Ansicht von Portugalkennern eine weitere Maßnahme, die unbedingt nötig wäre, um die wirtschaftliche Situation zu verbessern. (7)

Trends

Insolvenzrecht für Staaten

Ein Trend ist es wohl noch nicht, doch könnte die Zukunft eine solche Entwicklung bringen: Der Präsident des Bundesverbandes der Deutschen Industrie, Hans-Peter Keitel, hat kürzlich öffentlich ein Insolvenzrecht für Staaten gefordert. Mit dieser Idee steht Keitel spätestens seit der Griechenlandkrise nicht mehr alleine da. Staatsrechtler wünschen sich überdies, dass der Stabilitätspakt, der Staatspleiten ja verhindern soll, zukünftig strenger angewendet wird. So hat die Überschreitung der Haushaltsverschuldung von drei Prozent des BIP bis heute keine rechtlichen Konsequenzen für die Schuldenmacher zur Folge. (8)

Fallbeispiele

Kaum Besserung in Griechenland

Die Bemühungen des griechischen Staates, die Steuern einzutreiben, haben noch immer wenig Erfolg. Insbesondere sind es die Reichen, die es nach wie vor verstehen, ihre Steuerschuld trickreich auf Kleinstbeträge zu vermindern. So zahlen niedergelassene Ärzte häufig weniger Steuern als ihre Sprechstundenhilfen. Die Financial Times Deutschland hat für den schlingernden Peripheriestaat darum die Einführung einer

Steuerpacht ins Spiel gebracht. Die Übertragung der Eintreibung auf Institutionen wie Banken oder auf private Unternehmen würde es ermöglichen, korrupte Steuereintreiber zu entlassen und so das ganze System zu reformieren. (9)

Weiterführende Literatur

(1) Warum Griechenland in die Pleite schlitterte aus Berliner Morgenpost online, 16.06.2010, 16:22:39

(2) Recht und Ethik auch im Mittelstand aus PERSONALmagazin, Heft 04/2011, S. 44

(3) Das Positive an der Irland-Krise Anders als im Fall Griechenland kann diesmal niemand leugnen, dass das Problem die Banken sind. Europas Regierungen sollten konsequent sein und sie untergehen lassen aus Financial Times Deutschland vom 23.11.2010, Seite 24

(4) Spieltheorie versus Stochastik Kritik am Effizienzmodell der vollkommenen Märkte Quellenverzeichnis sowie weiterführende Literaturhinweise:
aus RISIKO MANAGER Nr. 07 vom 31.03.2011

(5) Mit Balanced Scorecard zum erfolgreichen Project Procurement Manager Das Glück mit der PerSC schmieden

aus BA Beschaffung aktuell, Heft 1, 2011, S. 24

(6) Portugal im Übergangsstadium
aus de.init.bfai.fachdb.model.Mkt

(7) Sanierungsmanagement in mittelständischen Unternehmen - Theoretische Analyse und Ableitung von Handlungsempfehlungen
aus de.init.bfai.fachdb.model.Mkt

(8) Staatspleite: "Linke Spinneridee" findet Zulauf
aus Die Presse vom 2011-03-28, Seite: 15

(9) Privatisiert die Steuereintreibung! EU-Schuldenkrise - Griechenland schafft es nicht, bei seinen Bürgern Abgaben zu kassieren. Die Lösung heißt Steuerpacht. Die leidet allerdings an ihrer fragürdigen Vergangenheit - bis ins alte Rom.
aus FINANCIAL TIMES Deutschland

Impressum

Griechenland, Irland, jetzt auch noch Portugal - wie sich Staatspleiten durch Controlling-Instrumente überwinden lassen

Bibliografische Information der deutschen Nationalbibliothek

Die Deutsche Nationalbibliothek verzeichnet diese Publikation in der deutschen Nationalbibliografie; detaillierte bibliografische Daten sind im Internet über http://dnb.d-nb.de abrufbar.

ISBN: 978-3-7379-0091-1

© 2015 GBI-Genios Deutsche Wirtschaftsdatenbank GmbH, Freischützstraße 96, 81927 München, www.genios.de

Alle Rechte vorbehalten. Dieses Werk ist einschließlich aller seiner Teile – z.B. Texte, Tabellen und Grafiken - urheberrechtlich geschützt. Jede Verwertung außerhalb der Grenzen des Urheberrechtsgesetzes bedarf der vorherigen Zustimmung des Verlags. Dies gilt insbesondere auch für auszugsweise Nachdrucke, fotomechanische Vervielfältigungen (Fotokopie/Mikroskopie), Übersetzungen, Auswertungen durch Datenbanken oder ähnliche Einrichtungen und die Einspeicherung und Verarbeitung in elektronischen Systemen.